Hans Biedermann

Die Drillinge des Doktor Freud

herausgegeben von Wulf Bertram

Hans Biedermann

Die Drillinge des Doktor Freud

Mit einem Prolog von Otto F. Kernberg

Schattauer

Dipl.-Psych. Hans Biedermann
Im Elmele 1
69412 Eberbach/Neckar
hennes.cartoon@gmx.de

Bibliografische Information der Deutschen Nationalbibliothek
Die Deutsche Nationalbibliothek verzeichnet diese Publikation in der Deutschen Nationalbibliografie; detaillierte bibliografische Daten sind im Internet über http://dnb.d-nb.de abrufbar.

E-Mail: info@schattauer.de
Internet: www.schattauer.de
Printed in Germany

Übersetzung des Prologs: Dipl.-Psych. Petra Holler, München
Umschlagabbildung: © Hans Biedermann
Umschlaggestaltung: Medienfabrik, Stuttgart
Satz: Fotosatz Buck, Kumhausen/Hachelstuhl
Druck und Einband: CPI – Ebner & Spiegel, Ulm

ISBN 978-3-7945-2937-7

Statt eines Vorworts:

Kleiner Ausflug in die Psychoanalyse des Doktor Freud

Wollte man „Psychoanalyse" wörtlich übersetzen, hieße sie „Seelenzergliederung". Bleiben wir also lieber bei dem Fachterminus ...!

Die Psychoanalyse wurde als Verfahren zur Heilung seelisch bedingter Krankheiten Ende des 19. Jahrhunderts von Sigmund Freud und Josef Breuer in Wien entwickelt. Später baute Freud sie zu einer tiefenpsychologischen Lehre aus.

Die tragende Rolle in der Psychoanalyse spielen unbewusste psychische Prozesse. Nach der psychoanalytischen Theorie wird das seelische Leben des Menschen vom Unbewussten beherrscht und beeinflusst. Das Unbewusste ist ein eigenes seelisches Reich mit eigenen (besonders sexuellen) Wünschen, mit eigenen Ausdrucksformen und bestimmten Mechanismen.

Besondere Aufmerksamkeit schenkte Freud der „Libido", dem Sexualtrieb – einer mächtigen Triebkraft, die sich über alle Schranken hinwegzusetzen sucht. Schon in der kindlichen Entwicklung zeigt sich der maßgebliche Einfluss des menschlichen Sexualstrebens. Freud beschrieb es als, je nach Entwicklungsstand, an bestimmte Körperteile geknüpft, die in aufeinanderfolgenden Stadien als lustbetont empfunden werden: zuerst an den Mund („orale Phase"), dann an den Enddarm („anale Phase") und anschließend an das Geschlechtsteil („phallische Phase"). Es folgt dann, zwischen dem 6. und 12. Lebensjahr, ein Stillstand in der Sexualentwicklung (die „Latenzperiode"). Schließlich beginnt mit der Pubertät die endgültige Ausprägung der Sexualität, die den Erwachsenen kennzeichnet („genitale Phase").

Das Auftreten seelischer Konflikte kann zu Störungen in dieser Entwicklung der Sexualität führen: zum Beispiel zum Festhalten an einer Entwicklungsstufe, die dem Lebensalter nicht mehr entspricht („Fixierung") oder dem Rückfall in ein früheres Entwicklungsstadium („Regression").

Im Laufe der kindlichen Entwicklung ist die Sexualität anfangs auf den eigenen Körper gerichtet. Später wendet sie sich auf Personen der Umwelt, besonders auf den andersgeschlechtlichen Elternteil. Damit wird der gleichgeschlechtliche Elternteil für das Kind zum Rivalen und mit Hass und Eifersucht belegt.

Diese ambivalente Beziehung zum gleichgeschlechtlichen Elternteil wird in der Psychoanalyse als „Ödipus-Komplex" bezeichnet, nach der Figur des Ödipus aus der griechischen Mythologie, der ohne es zu wissen seinen Vater tötet und später seine Mutter heiratet. Der Ödipus-Komplex ist für die Charakterentwicklung von entscheidender Bedeutung, da das Sexualstreben des Kindes in dieser Phase auf massive Widerstände (der Umwelt, der Moral usw.) stößt; es kommt zu Konflikten, die gelöst werden müssen. Diese Lösung wird allerdings nicht durch bewusste Entscheidungen herbeigeführt. Konflikthafte gefühlsgeladene Vorstellungen werden aus dem Bewussten verbannt und ins Unbewusste verlagert: sie werden „verdrängt".

Dies bewirkt jedoch nicht, dass die Vorstellungen gelöscht werden. Die sexuelle Energie wird gestaut, und die verdrängten Inhalte wirken im Unbewussten weiter. Sie kommen in verschiedenen Formen und Maskierungen wieder zum Vorschein, z.B. in den „Fehlleistungen", wie etwa im Sich-Versprechen, Sich-Verschreiben oder Vergessen. Oft ist dann vom „Freud'schen Fehler" oder „Freud'schen Versprecher" die Rede.

In besonderem Maße aber werden nach der Psychoanalyse die unbewussten Triebwünsche im Traum erkennbar. Verborgene Traumgedanken und Wünsche werden durch die „Traumarbeit“ in den Trauminhalt umgeformt. Längliche und spitze Gegenstände beispielsweise, die im Traum auftauchen, gelten als Symbole für das männliche Geschlechtsteil, Schachteln, Hohlräume und dergleichen als Symbole für das weibliche. Die Traumdeutung versucht, aus dem mitgeteilten Trauminhalt und den Traumsymbolen auf den eigentlichen Sinn des Traums zu schließen. Eine solche kategorische Symbolik wird heutzutage allerdings auch von vielen Psychoanalytikern in Frage gestellt.

Die Verdrängungen, die nach Freud regelmäßig bis in das Kindesalter zurückreichen, sind die Ursache seelisch bedingter Krankheiten, der „Neurosen“. So bezeichnete Freud eine Gruppe von psychisch bedingten Störungen, die er auf eine Fehlverarbeitung von Erlebnissen zurückführte und die sich in bestimmten Symptomen (z.B. Angst, Zwang, Depressionen) oder in bestimmten Eigenschaften (z.B. Selbstunsicherheit, Hemmung, innere Konflikthaftigkeit) äußern.

Die aufgestaute Libido sucht einen Ausweg; die neurotischen Symptome sind der Ausdruck einer (sexuellen) Ersatzbefriedigung. Besondere Bedeutung für die Entstehung von Neurosen haben der bereits beschriebene „Ödipus-Komplex“ und der „Kastrations-Komplex“ (die Angst vor Strafe für unerlaubte sexuelle Wünsche und Handlungen).

In der psychoanalytischen Behandlung der Neurosen versucht der Analytiker, aus der Traumdeutung und aus den freien Einfällen des Patienten (den Assoziationen) die krankheitsbildenden Ursachen zu ergründen und dem Patienten bewusst zu machen. Das ist oft nur gegen starken Widerstand möglich.

Ein wichtiges Element der Behandlung ist die Übertragung: Der Patient überträgt unbewusst seine Gefühle und Einstellungen zu anderen Personen (besonders zu seinen Eltern) auf den Analytiker. Er wendet ihm die Gefühle zu, die mit der Entstehung der Neurose verbunden waren und jenen anderen Personen galten. Es ist nun die Aufgabe des Analytikers, den Patienten so zu führen, dass er die Gefühlsspannungen nicht mehr verdrängt, sondern zu bearbeiten und meistern lernt.

Jeder Mensch gerät in seelische Konflikte. Zur Neurose können sie dann führen, wenn die Verdrängungen zu frühzeitig und zu stark auftreten. Beim gesunden Menschen kann die Energie der Libido für andere als sexuelle Ziele eingesetzt und verwertet werden („Sublimierung“). Letztlich ist es daher das Ziel der Behandlung, dem Neurotiker die Fähigkeit zur Sublimierung wieder zu verleihen.

In einer späteren Weiterentwicklung seiner Lehre nahm Freud an, dass neben den Sexualtrieben und den Ich-Trieben (die der Erhaltung des Lebens dienen) auch sogenannte Todestriebe existieren, deren Ziel die Vernichtung des Lebens ist. Die Todestriebe treten als Aggression und Zerstörung in Erscheinung. Sie können sich nach außen gegen andere Menschen richten (etwa als Abwehr oder Hass), aber auch nach innen gegen die eigene Person (z.B. als Selbsthass, Selbstverletzung oder Suizid).

Kommen wir nun zu den drei Protagonisten dieses Buches: In der Struktur des Seelenlebens unterscheidet Freud drei sogenannte Instanzen: das Es, das Über-Ich und das Ich.

Das Es stellt das Unbewusste und den Bereich der ursprünglichen Triebe (z.B. Nahrungs- und Sexualtrieb) dar. Es handelt nach dem Lustprinzip, strebt also nach unmittelbarer Befriedigung seiner Bedürfnisse.

Das Über-Ich vertritt das Gewissen und das Ich-Ideal (wie man gerne sein möchte). Es errichtet ein Werte-System, das die Forderungen nach Pflichterfüllung, moralischem Verhalten und Triebeinschränkung stellt. Das Über-Ich ist damit der „Gegenspieler" des Es. Es ist die Instanz, von der die Verdrängungen ausgehen.

Das Ich vertritt das bewusste Erleben, also die Wahrnehmung, die Erinnerung, das Denken, Planen und Lernen. Das Ich hat die Aufgabe, die Beziehungen zur Außenwelt herzustellen, zwischen den Ansprüchen des Es und des Über-Ich zu vermitteln, oder aber die Triebimpulse des Es abzuwehren.

Diese letzte Aufgabe löst das Ich durch verschiedene (unbewusste) Abwehrmechanismen. Die wichtigsten dieser Abwehrmechanismen sind: Regression – Verdrängung – Konversion – Reaktion – Projektion – Introjektion – Kompensation – Autoaggression – Sublimation – Rationalisation – Substitution – Isolation – Skotomisation – Frustration. (Kurze Erklärungen finden sich hinten im Glossar, S. 145.)

Die klassische Psychoanalyse, deren Grundelemente hier etwas holzschnittartig zusammengefasst sind, hat im Verlauf ihrer über hundertjährigen Geschichte zahlreiche Weiterentwicklungen und Modifikationen erfahren. Gemeinsamer Nenner ist das Konzept der „Psychodynamik": das zumeist unbewusste Zusammen- und Gegeneinanderwirken unterschiedlicher psychischer Tendenzen, Triebregungen, Motive und Emotionen. Wenn solche Kräfte miteinander im Konflikt stehen, kann das zu psychischen Störungen führen. Die psychoanalytische Behandlung und die daraus abgeleitete psychodynamische Psychotherapie sollen die unbewussten Motive aufdecken, um die krankmachende Konfliktspannung zu lösen.

Von der psychoanalytischen Schule Freuds haben sich weitere tiefenpsychologische Richtungen abgezweigt. Die bedeutendsten von ihnen sind die Individualpsychologie von Alfred Adler und die Analytische Psychologie von Carl Gustav Jung.

Eberbach/Neckar im November 2012

Hans Biedermann

Inhalt

Zum Herausgeber von „Wissen & Leben“:

Wulf Bertram, Dipl.-Psych. Dr. med., geb. in Soest/Westfalen. Studium der Psychologie und Soziologie in Hamburg. War nach einer Vorlesung über Neurophysiologie von der Hirnforschung so fasziniert, dass er spontan zusätzlich ein Medizinstudium begann. Zunächst Klinischer Psychologe im Univ.-Krankenhaus Hamburg-Eppendorf, nach dem Staatsexamen und der Promotion in Medizin psychiatrischer Assistenzarzt in der Provinz Arezzo/ Italien und in Kaufbeuren. 1985 Lektor für medizinische Lehrbücher in einem Münchener Fachverlag, ab 1988 wissenschaftlicher Leiter des Schattauer Verlags, seit 1992 dessen verlegerischer Geschäftsführer. Ist überzeugt, dass Lernen ein Minimum an Spaß machen muss, wenn es effektiv sein soll. Aus dieser Einsicht gründete er 2009 auch die Taschenbuchreihe „Wissen & Leben“, in der wissenschaftlich renommierte Autoren anspruchsvolle Themen auf unterhaltsame Weise präsentieren. Bertram hat eine Ausbildung in Gesprächs- und Verhaltenstherapie sowie in Tiefenpsychologischer Psychotherapie und ist neben seiner Verlagstätigkeit als Psychotherapeut und Coach in eigener Praxis tätig.

Bisher in der Reihe erschienen:

Thomas Bergner: Gefühle

Valentin Braitenberg: Das Bild der Welt im Kopf

Valentin Braitenberg: Information – der Geist in der Natur

Carsten Bresch: Evolution

Alois Burkhard: Achtsamkeit

Peter Fiedler: Verhaltenstherapie mon amour

Heinz Hilbrecht: Meditation und Gehirn

Reinhart Lempp: Generation 2.0 und die Kinder von morgen

Michael Stefan Metzner: Achtsamkeit und Humor

Jürgen G. Meyer: Darwin, Mendel, Lamarck & Co.

Johann Caspar Rüegg: Mind & Body

Johann Caspar Rüegg: Die Herz-Hirn-Connection

Manfred Spitzer: Aufklärung 2.0

Manfred Spitzer: Dopamin & Käsekuchen

Manfred Spitzer: Nichtstun, Flirten, Küssen

Manfred Spitzer: Das (un)soziale Gehirn

Manfred Spitzer und Wulf Bertram:
Hirnforschung für Neu(ro)gierige

Prolog zu „Die Drillinge des Doktor Freud"

von Otto F. Kernberg

Diese ebenso liebenswerten wie instruktiven Cartoons illustrieren auf sehr kluge und feinsinnige Art und Weise den ewigen Kampf mit den unbewussten Kräften und deren Streit untereinander, wie es der Entdeckung von Sigmund Freud entspricht. Die Triebimpulse des Es bzw. des dynamischen Unbewussten und die des Über-Ich, als einem unbewussten moralischen Gewissen mit seinen Wurzeln in der frühesten Kindheit, fordern das Ich als zentrale Struktur bewusster und unbewusster Aspekte unserer Identität auf elementare Weise heraus. Unser bewusstes Erleben ist ahnungslos mit diesen Herausforderungen von Es und Über-Ich konfrontiert. Der Betrachter wird in den amüsanten Cartoons tiefe Wahrheiten über die alltäglichen Konflikte, Hemmungen, Versuchungen und inneren Verbote entdecken, die uns alle umtreiben. Inmitten dieser Konflikte steht das Ich, das darum bemüht ist, Realitätsprüfung, Autonomie, sexuelle Lust und moralische Restriktionen, Liebe und Aggression unter einen Hut zu bringen. In seinem Vorwort für das Büchlein stellt der Karikaturist hennes alias Hans Biedermann zunächst Freuds Theorien im Überblick dar. Seine Illustrationen sind ein humorvoller Ausflug in diese Theorienlandschaft, die uns im Alltag und in der Psychoanalyse begegnet.

Wenn wir Psychoanalyse als Wissenschaft betrachten, sehen wir, dass eine stetige Weiterentwicklung und Modifizierung von Freuds bahnbrechenden und überwältigenden Entdeckungen stattgefunden hat. Ihre Anwendung beschränkt sich nicht nur auf das klassische analytische

Setting, sondern betrifft ein breites Spektrum psychoanalytischer Psychotherapien. Die moderne psychoanalytische Objektbeziehungstheorie hat unser Verständnis vertieft und dazu geführt, dass die frühkindliche Entwicklung empirisch untersucht wurde, was wiederum mehr Klarheit in die Frage gebracht hat, auf welche Ursprünge die „Drillinge" Es, Ich und Über-Ich zurückgehen. Wir wissen heute, wie groß die Bedeutung ist, die den frühen Interaktionen zwischen einem Kind und seinen Bezugspersonen, insbesondere der Mutter, später auch dem Vater, den Geschwistern und der Familie insgesamt, zukommt. Die psychoanalytische Objektbeziehungstheorie hat gezeigt, wie sich bestimmte dyadische Einheiten von Selbst- und Objektrepräsentanzen im Rahmen bestimmter affektiver Zustände, insbesondere affektiver Spitzen, manifestieren.

Diese Elemente sind die „Grundbausteine" der drei Instanzen Es, Ich und Über-Ich. Gleichzeitig repräsentieren sie die Integration zwischenmenschlicher Beziehungen, Motivationssysteme und neurobiologischer Strukturen zu intrapsychischen Strukturen. Vor allem die zeitgenössische Affekttheorie versteht affektive Systeme als primäre motivationale Kräfte des Verhaltens, denn Affekte stellen wesentliche neurobiologische Strukturen dar. Die Affekte des Kindes stimulieren wiederum mütterliche Reaktionen und Beziehungsinterdependenzen, die sich als dyadische Grundbausteine in affektiv besetzten Beziehungen zwischen dem Selbst und den Anderen niederschlagen. Nach und nach fließt in diese Internalisierungen auch die Verinnerlichung bestimmter Ge- und Verbote ein. Es sind die elterlichen, gesellschaftlich und kulturell vorherrschenden ethischen Wertsysteme, die die Natur des Über-Ich mitbestimmen. Das Es hingegen umfasst sämtliche verbotenen und verdrängten internalisierten Beziehungen, deren ausgeprägt sexuelle, abhängige oder aggressive Natur sie inakzeptabel machen, während das Ich oder Selbst diejenigen internalisierten Beziehungen integriert, die als tragbare, befriedigende und gesellschaftlich akzeptable Kompromissbildungen zwischen Wunsch und Restriktion gelten. Diese Prozesse stellen somit eine Schnittstelle zwischen psychoanalytischer Theorie und ihren Nachbarwissenschaften Neurobiologie und Sozialpsychologie dar.

Letzten Endes blieb Freuds grundlegende Entdeckung des ewigen Kampfes zwischen einem vermittelnden und integrierenden Ich und den unbewussten Kräften aus Über-Ich und Es, trotz aller aufsehenerregenden Befunde und neuen Erkenntnisse der psychoanalytischen Wissenschaft, ein zentraler Baustein des psychoanalytischen Theoriegebäudes. Und in dieser Kollektion von Cartoons wird es auf wundervolle Weise zum Leben erweckt. So etwa in der Darstellung, in der das Ich das Es dafür maßregelt, dass es versucht das Über-Ich dazu zu bringen, sich aufzuhängen (s. S. 74) – ein Bild, in dem das häufige Entstehen sadistischer, selbst bestrafender Impulse im Über-Ich zum Ausdruck kommt, die letztlich der „Kontaminierung" durch Triebimpulse aus dem Es entspringen und eine der wesentlichen suizidalen Tendenzen im Rahmen schwerer Depressionen darstellen. Oder nehmen wir die Zeichnung, in der das Über-Ich versucht, das Es vom verführerischen Bild einer Frau fernzuhalten, wobei das Ich dem Über-Ich halbherzig Beistand leistet, während es eigentlich ins Blickfeld des erotischen Bildes rückt (s. S. 44).

Das Wissen um die drei Instanzen Es, Ich und Über-Ich hat mittlerweile die zeitgenössische Kultur auf der ganzen Welt durchdrungen. Es zeigt sich in entsprechenden Anspielungen und Witzen, die lediglich von den Eigentümlichkeiten verschiedener Nationalitäten und ihren Wertesystemen gefärbt sind. Im vorliegenden Band ist es die Sinnträchtigkeit und Ambiguität der deutschen Sprache, derer sich der Autor auf sehr kreative Art und Weise bedient. In den Vereinigten Staaten, wo es einen starken Einfluss der aus Europa eingewanderten jüdischen Psychoanalytiker gibt, würden psychoanalytische Ausbildungskandidaten, die mit jiddischen Idiomen etwas vertraut sind, auf Freuds Dreiinstanzenmodell als „Yid", „Egoy" und „Super Egoy"[1] verweisen! In Argentinien wiederum würde man, im Hinblick auf das legendäre Selbstbewusstsein der Argentinier, vom „Ich-Ideal", d.h. den nach Perfektion strebenden Aspekten des Über-Ich, als dem „kleinen Argentinier in uns" sprechen. Und wie begehen Argentinier dann Selbstmord? Indem sie auf ihr Ich-Ideal klettern und hinunterspringen!

Kurzum: Der geneigte Betrachter dieser hinreißenden Karikaturen wird sie entdecken: all die Konflikte, Herausforderungen, Versuchungen und Gefechte, mit denen wir alle uns herumzuschlagen haben.

Prof. Otto F. Kernberg
ist Direktor des Personality Disorders Institute am New York Presbyterian Hospital, Payne Whitney Westchester, Professor für Psychiatrie am Weill Medical College der Cornell University sowie Lehranalytiker und Supervisor am Columbia University Center for Psychoanalytic Training and Research, er war Präsident der International Psychoanalytical Association von 1997 bis 2001.

---

[1] Yid ist das jiddische Wort für Jude, Goy (bzw. Goj o. Goi, hebr.) ist eine abschätzige Bezeichnung für alles im weitesten Sinne „Nichtjüdische" (Anm. des Hrsg.)

VON
DER ENTWICKLUNG
UND MANCHEM MALHEUR,
VON KOMPLEXEN,
KONFLIKTEN, NEUROSEN
ICH
Hennes

DU HAST'N KOMPLEX!
DU HAST'N KOMPLEX!!
DU HAST'N KOMPL--
ÜBER ICH
ICH
ES
Hennes

Tu's!
Tu's nicht!
STEUER-ERKLÄRUNG
ICH
henner

GESCHENK VOM CHEF!
ÜBER ICH
ES
ICH
hennes

"NA, IST EUCH JETZT KLAR, DASS ER SELBST EIN ORALER CHARAKTER IST?"

TJA – KEINE NEUROSE OHNE DORNEN!
ICH
ÜBER-ICH
Hennes

ES
ÜBER-
ICH
ICH
Hennes

DU MIT DEINEM BLÖDEN ÜBERWERTIGKEITS-KOMPLEX!!
ICH
ES
ÜBER ICH
Hennes

GEWISSENS-
KONFLIKT? -
BEARBEITET
MEIN KOLLEGE!
ÜBER-ICH
ES
ICH
Hennes

ANALE FIXIERUNG- WAS SONST !!
ICH
ÜBER ICH
ES
hennes

DEINE STÄNDIGEN REGRESSIONEN HAB' ICH ALLMÄHLICH SATT!!
ICH
ES
ÜBER-ICH
Hennes

VERDAMMT,
DU BIST HIER
NICHT DER EINZIGE
MIT 'NER ANALEN
PHASE !!!
ICH
ÜBER
ICH
hennes

PHALLISCHE PHASE, WAS?
ES
ÜBER
ICH

MAN KANN DEN ÖDIPUS-KOMPLEX AUCH ÜBERTREIBEN!
ÜBER ICH
ES
Freud
hennes

NN-NOCH N-NIE WAS VON O-ORALER PH-PHASE - hick! - GEHÖRT?
ÜBER ICH
ICH
ES
hennes

DAS SIEHT SEHR NACH 'NER PROFILNEUROSE AUS!
ÜBER ICH
ES
ICH
Hennes

KONFLIKT!
ÜBER-
ICH
ICH
ES
hennes

IHNEN STEHT EIN STREIT MIT DEM ES IN'S HAUS!
ÜBER-ICH
ICH
hennes

UND DENK' AN DIE REGEL: JEDES TOR EIN KOMPLEX!
ICH
ES
Hennes

NICHT STÖREN:
LATENZ-
PERIODE!
FAULE
AUSREDE!
ES
hennes

ICH UND EINEN KASTRATIONS-KOMPLEX?? DA KANNSTE LANGE WARTEN!!
ES
ICH
ÜBER ICH
Hennes

ER KANN MIR AUCH NICH' HELFEN! SAGT, MEIN KOMPLEX WÄR' ZU KOMPLEX!
DR. EMSIG PSYCHIATER
ES
ÜBER ICH
ICH
hennes

VOM
UN- UND BEWUSSTEN,
VON
TRIEB UND TRAUM
hennes

UND ALS WAS GEHST DU ZUM FASCHING?
ICH
OHRALE PHASE
Hennes

Libido ergo sum !!
ÜBER ICH
ICH
ES
Hennes

LIBIDO

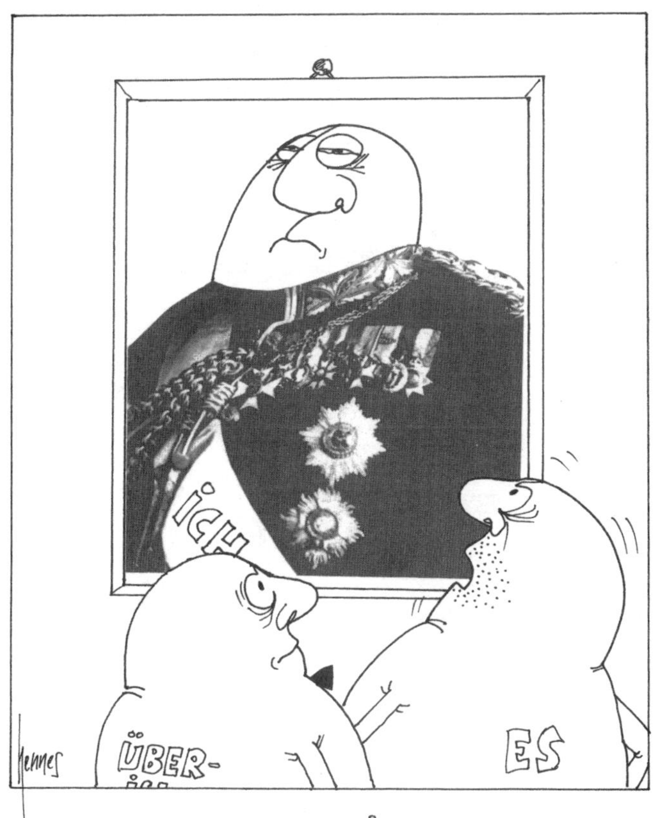

DIESER BLÖDE ICH-TRIEB
IS' AUCH NICH BESSER
ALS DIE LIBIDO !!

Co~~g~~ito
ergo sum!
ES
ICH
ÜBER
ICH
Hennes

UND WARUM WILLST DU UNBEDINGT MIT'M TRIEB-WAGEN FAHREN, HÄ ??
ZU DEN ZÜGEN
4
6
ICH
ES
ÜBER
Hennes

IN'S OBER-BEWUSSTSEIN? DU SPINNST!!
ICH
ES
Hennes

TODESTRIEB?
HALTE ICH FÜR 'NE
REINE ERFINDUNG!!
ÜBER
ICH
ES
ICH
Hennes

Es gibt viel zu tun.
Packen wir's an!
EROS CENTER
ES

"SEXUELLER TRIEB"
MIT SECHS BUCHSTABEN-
LIB... LIB...
HAT JEMAND 'NE IDEE?
ICH
Ü
ES
Hennes

JETZT KAPIERT, WAS 'NE ANSTÄNDIGE TRIEB-DYNAMIK IST ??
ES
ÜBER ICH
ICH
Hennes

WAS SUCHSTE DENN JETZT SCHON WIEDER?
UNTER-
BEWUSSTSEIN
ES
ICH
ÜBER
ICH
Hennes

NEE, MIT EINEM PHALLUS-SYMBOL FLIEGE ICH NICHT !!
Lufthansa
ÜBER ICH
ICH
ES
Henner

REG' DICH NICHT AUF!
'NE FREUD'SCHE FEHLLEISTUNG
KANN JEDEM PASSIEREN!!
ICH
ES
hennes

MANCHE TRÄUME KANN MAN NICHT MAL DEM DURCH-GEHEN LASSEN!!
ES
ÜBER ICH
ICH
hennes

hennes
Hilfe!
ICH
UNBEWUSSTES

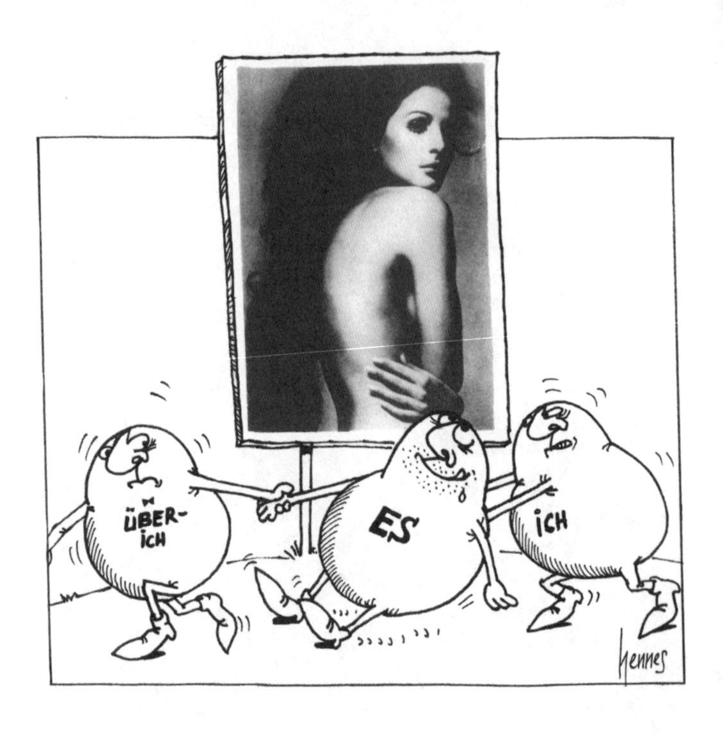
ÜBER-
ICH
ES
ICH
Hennes

VOM MUSTERKNABEN ÜBER-ICH, GEPLAGTEM ICH UND FIESEM ES
ÜBER-ICH
ICH
ES
hennes

OB DIE PSYCHOANALYSE WAS BRINGT ?? – BLÖDE FRAGE!
ICH
ES
500

TUMULT
EGOISMUS
AGGRESSION
MISSTRAUEN
ICH
ES

KEINE AHNUNG, WAS DAS IST, HÄ ??
ÜBER ICH
ICH
ES
Hennes

ICH
ÜBER-
ICH
ES
ÜBER
ICH
ICH
ES
Hennes

SO SIEHSTE DIREKT ANSPRECHEND AUS!
ES
ICH

DU ÜBERSCHÄTZT DICH WIEDER MAL!
unersetzlICH
vorzüglICH
vortrefflICH
unentbehrlICH
göttlICH
herrlICH
unnachahmlICH
unbezwinglICH
rühmlICH
tauglICH
unermüdlICH
unwiderstehlICH
ICH
ÜBER ICH
Hennes

DAS HEISST NIX ANDERES ALS ENDOGENER SCHWEINEHUND!
ES
ICH
hennes

ER SAGT, ER SEI ES LEID, HIER IMMER DEN BUHMANN ZU SPIELEN!
ÜBER-ICH
ICH
ES
hennes

hennes
MÖCHTE WISSEN, WO ER WIEDER STECKT!
ES
ÜBER-ICH
ICH

HÜTE
ÜBER ICH
ES
ICH
Hennes

ES
ÜBER-
ICH
ICH
hennes

BIG
BROTHER ES
WATCHING YOU!

Ratschlege
Ermanungen
Kritick
Forwürfe
ÜBER-
ICH
ICH
ES
PORNO
hennes

IMMER MUSS ER ÜBERTREIBEN!
Über-Ich war hier!
ICH
ES
hennes

BEI UNS HAT JEDER SEINEN PLATZ!
ÜBER
ES
Hennes

ER GLAUBT TATSÄCHLICH, ER HÄTTE HIER DAS SAGEN!
ICH
ES
ÜBER-
Hennes

EINEN
ESprESso!
ES
ich

ÜBER-
ICH
ES
ICH
hennes

NICHTRAUCHER
ÜBER
ICH
ICH
ES
hennes

ICH HAB'S GEWUSST, DASS DIE SELBST-ERFAHRUNGSGRUPPE 'NE PLEITE WIRD!!
ES
ICH
ÜBER-ICH
Hennes

WIR SPIELEN PSYCHOANALYSE – STÖR' UNS NICHT!
ÜBER ICH
Hennes

VON
DER ABWEHR
UND
IHREN DUBIOSEN
MECHANISMEN
ES
hennes

PROJEKTIONEN
ÜBER-
ICH
ICH
ES
Hennes

NOCH NIX VON VERDRÄNGUNG GEHÖRT, HÄ??
ES
ICH
ÜBERICH
ES
Hennes

DUUU ??
DU BIST NIX WEITER
ALS 'NE ÜBER-KOMPENSATION
DES ES !!
ÜBER
ICH
ICH
ES
Hennes

...IS' NICH MEHR VIEL LOS MIT DEINEM ABWEHR-MECHANISMUS!
ES
ICH

FEHLLEISTUNG ?? –
FAULE AUSREDE !!
HOCH DIE
PSYCHOANALYSE!
ÜBER ICH
ICH
ES
hennes

ER KOMPENSIERT SCHON WIEDER!
ÜBER ICH
ICH
ES
1
2
3
Hennes

SELBST-
VERWÜRGLICHUNG ??
HAT DER DIR DAS
EINGEREDET ?!
ÜBER-
ICH
ES
ICH

VON WEGEN ABWEHR-MECHANISMUS! GROBER UNFUG IST DAS!!
Hennes

DIESE REAKTIONS-BILDUNG IST MIR HÖCHST VERDÄCHTIG!
ÜBER-
ICH
hennes

"DAS MIT DER AUTOAGGRESSION HASTE ABER MISSVERSTANDEN!"

BEISPIEL FÜR 'NE SUBSTITUTION ? – DU BIST MIR IM TRAUM ALS GUTE FEE ERSCHIENEN !
ES
ICH
hennes

ZWEIMAL
SAURE SUBLIMIERCHEN
MIT NEUROSENKOHL –
SEHR WOHL,
DIE HERRSCHAFTEN!
ICH
ES
ÜBER ICH
Hennes

DAS HASTE JETZT VON DEINEM DAUERNDEN SKOTOMISIEREN!
ES
ÜBER-ICH
ICH
Hennes

NIX KONVERSION! DU BIST BLOSS ALLERGISCH GEGEN DICH SELBST!
ÜBER-ICH
ICH
ES
hennes

'NE INTROJEKTION IST DOCH WOHL NICHT VERBOTEN!!
ES
ÜBER ICH
ICH ♥ C.G. JUNG
Henne

SCHRITTMACHER FÜR 'N ABWEHR-MECHANISMUS!
ICH
ÜBE
ES
hennes

HABE NUR ZU IHM GESAGT, ER SEI EIN NETTER KERL!
ES
ICH
hennes

VON ANALYSE
UND ANALYTIKERN,
VON THERAPIE
UND THERAPEUTEN
ÜBER-
ESSICH
Hennes

DIPLOM
PSYCHO THERAPIE
ES
ICH FÜHL' MICH IN LETZTER ZEIT SO UNANSTÄNDIG!

FÜR DIE WIRKSAMKEIT DER PSYCHOANALYSE LEGE ICH JEDERZEIT MEINE HAND INS FEUER!!
ÜBER ICH
ICH
ES
Hennes

LOS, GEH' REIN, – ABER BLAMIER' UNS NICHT !!
RORSCHACH TEST
ES
hennes

PSYCHO-
ANALYSE
ICH
ES
Hennes

EIN PSYCHO-LOGE!
ÜBER-ICH
ICH
henner

WILL KEINEN ARZT! WARTET AUF DIE SPONTAN-REMISSION!
ÜBER-ICH
ICH
hennes

WAREN DAS JETZT GENUG FREIE ASSOZIATIONEN?
ICH
Hennes

TUT GANZ HARMLOS, LEUTE: THERAPIE-KONTROLLE!
ICH
ES
ÜBER ICH
hennes

SELBST-
ERFAHRU
GRUPPE
ICH
ES
hennes

KONGRESS
PSYCHO-
ANALYSE

TÄUSCHT EUCH NICHT! WAS MIT PSYCHO-ANALYSE NICHT GEHT, KLAPPT MIT ELEKTRO-SCHOCK, - KLAR ??
ES
ICH
ÜBER-ICH
PSYCH-IATRIE
Hennes

ER SAGT, ER SEI HEUTE ABEND ZUR PSYCHO-ANNA-LUISE BESTELLT!
ES
ICH
ÜBER-ICH

ICH
ES
ÜBER-
ICH
Psychol.
Erhebung
hennes

ER SAGT, IHM KANN NUR EIN VERHALTENS-THERAPEUT HELFEN!
ES
ICH
ÜBER ICH
Hennes

Hennes
PSSST!
KLAPPT DIE
ÜBERTRAGUNG?
ES
ÜB

FREUD
MONA ANALYSA
ÜBE
ES
ICH
Hennes

VERDAMMTER KIEBITZ !!
ES
ICH
PSYCHOLOGIE
hemnes

KONNTEST DU IHM DEINE PROBLEME NICH 'N BISSCHEN SCHONENDER BEIBRINGEN?
ES
ÜBER
ICH
hennes

ES LEBE DIE !
THERAPIE-RÉSISTANCE
ES
ICH
ÜBER-
ICH
Hennes

VON
DEN VÄTERN
DER FIRMA:
FREUD, JUNG + ADLER
ÜBER
ICH
ES
hennes

Mit FREUD-lichen Grüßen!
ES
ICH
ÜBER ICH
SIGMUND F.
Hennes

PAPA IST NICHT ZU HAUSE!
S.FREUD
ICH
Hennes

Sigmund Freud
DEIN HANG ZUR IDENTIFIKATION WIRD LANGSAM PEINLICH!!
ICH
ÜBER-
Hennes

Hans Jürgen Eysenck
Sigmund Freud
Niedergang
und Ende
der
Psychoanalyse
ES
ÜBER-
ICH
ICH
Henner

TSCHÜS, LEUTE! HABE GEKÜNDIGT! FANGE BEI C.G. JUNG ALS ARCHETYP AN!
ICH
ÜBER ICH
ES
hennes

UND WIESO HEISST DAS GANZE TIEFEN-PSYCHOLOGIE?
ÜB ICH
ES
ICH
FREUD
hennes

hennes
JUNG geFREUD
hat oft gereut!
ALFRED
ADLER
ES
ÜBER-
ICH
ICH

ES
Freud is d
ÜBER-ICH

C.G. JUNG
ES
ICH
S. FREUD
hennes

C.G.JUNG
ES
ICH
ÜBE
ICH
hennes

HAB' ICH VOM FLOHMARKT. WIESO?
ICH
ÜBER-ICH
ES
hennes

TUT MIR LEID, LEUTE! ICH HAB' FREUDs THEORIE IMMER NOCH NICHT KAPIERT!
ICH
ÜBER
ES
Hennes

WENN ICH GEAHNT HÄTTE, DASS DIE SO AUSSEHEN...!
ES
ÜBE
Hennes

..UND
WEITERER UNFUG
ZUM
GLEICHEN THEMA!
OBER-
ICH
hennef

EINE WICHTIGE FRAGE VORWEG: GIBT ES SIE ÜBERHAUPT?
TALK SHOW
ES
ICH
ÜBER ICH
SABA
Hennes

MEIN STILLER TEILHABER!
ÜBER ICH
ICH
ES
hennes

MACH' MICH SELBSTÄNDIG!
ICH-AG
ES
Hennes

FREUD,
DU SCHÖNER
GÖTTER-
FUNKEN
ICH

SIEHSTE, DU HAST DAMALS SCHON GESCHLAFEN!
ICH

DARF ICH EUCH MEINEN COUSIN VORSTELLEN?
ES

MORALISCHES ÜBERGEWICHT! WENN ICH DAS SCHON HÖRE!!
ÜBER ICH
ICH
ES
Mennes

.. SIE SAGT, SIE WÄR' NE TANTE VON UNS!
ES
ICH
SEELE
Hennes

ES, ES, ES
UND ES ...!!
ICH
ÜBER
ICH
Hennes

DIE COUCH FÜR 'NE KURZ-ANALYSE!
ES
ÜBER-ICH
ICH
hennes

DAS SEIN BESTIMMT DAS BEWURSTSEIN!
ICH
ÜBER-ICH
ES
hennes

TJA,
MAN MUSS
MIT DER ZEIT
GEHEN!
ÜBE
ES
01 723200
hennes

UND WAS IS', WENN JEDER VON UNS AUCH WIEDER EIN ICH, ES UND ÜBER-ICH HAT, HÄ ???
ES
ÜBER ICH
ICH
hennes

WIR HABEN BESCHLOSSEN, 'NE GROSSE KOALITION ZU BILDEN!
ICH
ES
ÜBER-ICH
henney

ÜBER-ICH
ICH
ÜBER-ES
ES
WARUM SOLL ICH NICH AUCH 'N GROSSEN BRUDER HABEN ??

WARTE HIER!
IN DER POLITIK
HASTE SOWIESO
NIX ZU SUCHEN!
ÜBER
ICH
ICH
ES
Hennes

LEUTE, KUCKT EUCH DAS AN!
ICH
Hennes

FOUL!
FOUL!!
FOUL!!!
ES
ÜBER
ICH

"UND WER VON EUCH IST DENN HIER ZUSTÄNDIG?"

EUER VERWANDTSCHAFTS-GRAD? NACH FREUD SEID IHR STIEF-ZWILLINGE!
ES
ÜBER ICH
ICH
hennes

FRAUEN-QUOTE??
WAS SOLL DAS HEISSEN??
ES
ÜBER-
ICH
ICHin
hennes

ES
ES
Hennes

IMMER FÄLLT ER AUS DEM RAHMEN!
ICH
ÜBE
ES
hennes

ER MEINT, DASS DIESES BUCH AUF DEN INDEX GEHÖRT!
ICH
ÜBER-ICH
ES
Hans Biedermann
Die Drillinge des Doktor Freud
Mit einem Prolog von Otto F. Kernberg
hennes

Glossar

Hier finden Sie kurze Erklärungen zu dem „Fachchinesisch“, das Ihnen in diesem Buch aufgetischt wird. Die Erläuterungen beziehen sich auf das Begriffssystem der Psychoanalyse.

Abwehrmechanismus: Ein unbewusster Mechanismus des Ich zur Abwehr von Triebimpulsen. Es geht dabei um die Abwehr solcher Impulse aus dem Es, die wegen der Forderungen des Gewissens und der Notwendigkeiten der Realität nicht befriedigt werden können.

Anale Fixierung: Das Festhalten an der Entwicklungsstufe der analen Phase. Durch die anale Fixierung bleiben die Triebziele und die Befriedigungsformen infantil.

Anale Phase: Nach Freud die seelische Entwicklungsphase in der Kindheit (2. und 3. Lebensjahr), die durch die Lustempfindung bei den Ausscheidungsvorgängen gekennzeichnet ist.

Archetyp bedeutet „urtümliches Bild“. Bei C.G. Jung, einem Schüler Freuds, sind die Archetypen Urbilder, die im Traum oder Dämmerzustand hervortreten können. Sie offenbaren Symbole, die zu allen Zeiten und bei allen Völkern lebendig waren.

Assoziationen, freie: Darunter versteht man die von keiner bewussten Absicht gelenkten Gedankengänge. Der Patient äußert sie in der psychoanalytischen Behandlung und gibt damit dem Analytiker Aufschlüsse über seine verdrängten und unbewussten Regungen.

Autoaggression: Eine Form der Aggression, die sich gegen die eigene Person richtet; ein Abwehrmechanismus des Ich.

Ego gleich Ich.

Elektroschock: (= Elektrokrampfbehandlung). Verfahren zur Behandlung verschiedener schwerer psychischer Krankheiten, wie z.B. endogene Depression schweren Grades.

Es: Die Instanz in der Struktur des Seelenlebens, die das Unbewusste, den Bereich der Triebe, darstellt.

Fehlleistung: Eine fehlerhaft ausgeführte Leistung oder Handlung, die an sich fehlerfrei beherrscht wird. Die eigentlich beabsichtigte Handlung wird durch eine nicht beabsichtigte ersetzt. Nach Freud liegt die Ursache dafür im störenden Einfluss unbewusster Vorstellungen und Wünsche.

Frustration bedeutet „Versagung". Sie ist das Erlebnis eines aufgezwungenen Verzichts auf die Befriedigung von Triebwünschen. Die Behinderung kann dabei bewusst oder aber (nach der Psychoanalyse) unbewusst wirksam werden. Im letzteren Fall ist die Frustration ein Abwehrmechanismus des Ich.

Ich: Die Instanz in der Struktur des Seelenlebens, die als Träger des bewussten Erlebens gilt.

Ich-Triebe: In der älteren Trieblehre Freuds eine Gruppe von Trieben, die der Erhaltung des Individuums dienen (im Gegensatz zum Sexualtrieb, der der Erhaltung der Art dient).

ID gleich Es.

Identifikation: Bezeichnung für einen Prozess, in dessen Verlauf sich der Mensch (bewusst oder unbewusst) durch gefühlsmäßige Bindung in die Lage eines anderen versetzt, um so zu werden oder zu sein wie jener. Die Identifikation ist ein wichtiges Element der Persönlichkeitsentwicklung.

Introjektion: Ein Abwehrmechanismus des Ich. Bei der Introjektion werden fremde Anschauungen, Motive und dergleichen in das eigene Ich aufgenommen. Die Introjektion ist der Grundvorgang der Identifikation.

Isolation: Ein Abwehrmechanismus des Ich, bei dem unliebsame Denkinhalte zwar erinnert und nicht verdrängt werden, aber von den begleitenden Gefühlsregungen getrennt werden. Das Erlebnis wird von seinem Gefühlsinhalt „isoliert".

Kastrationskomplex: Ein Komplex, der mit kindlichen Kastrationsfantasien eng zusammenhängt: Angst vor Strafe für unerlaubte sexuelle Wünsche und Handlungen.

Kompensation: Das Bestreben, psychische Mängel (z.B. ein Minderwertigkeitsgefühl) durch bestimmte Leistungen auszugleichen. Ein Abwehrmechanismus des Ich.

Komplex: Eine Gruppe zusammenhängender oder durch ein Gefühl zusammengehaltener Vorstellungen, die verdrängt wurden und damit unbewusst bleiben.

Konflikt: Psychischer Spannungszustand, der dann auftritt, wenn zwei entgegengerichtete Bestrebungen oder Antriebe gleichzeitig auftreten.

Konversion: Ein Abwehrmechanismus des Ich. Nach Freud das Umschlagen einer unerledigten Gefühlsregung ins Körperliche: Verdrängte seelische Vorgänge können als körperliche Krankheitssymptome in Erscheinung treten.

Libido: Die Energie der sexuellen Triebe. (Später nahm Freud an, dass die Libido auch die Energie der Ich- bzw. Selbsterhaltungstriebe sei.)

Neurosen: Eine Gruppe von seelisch bedingten Krankheiten, deren Ursachen in einer Fehlverarbeitung von Ereignissen liegen und die sich in bestimmten Symptomen (wie etwa Angst oder Zwängen) oder in bestimmten Eigenschaften (z.B. Unsicherheit, Gehemmtheit) äußern.

Ober-Bewusstsein gibt's nicht!

Ödipuskomplex: Kennzeichnung bestimmter frühkindlicher Beziehungen zu den Eltern: Liebe zum gegengeschlechtlichen Elternteil, gleichzeitig Entwicklung von Hass und Eifersucht gegenüber dem gleichgeschlechtlichen Elternteil, der als Rivale empfunden wird.

Orale Phase: Nach Freud die erste Phase der seelischen Entwicklung (von der Geburt bis etwa Ende des 1. Lebensjahres). In dieser Phase ist der Mund für das Kind die lusterzeugende Zone (durch Saugen, Lutschen und Beißen).

Phallus-Symbol: Nach der Traum-Theorie Freuds gelten lange spitze Gegenstände als Symbole für das männliche Geschlechtsteil (Phallus).

Profilneurose: Kein Fachausdruck. Bedeutet etwa: Psychische Auffälligkeit, der eine Problematik um das eigene Ansehen und die eigene Bedeutung zugrunde liegt.

Projektion: Ein Abwehrmechanismus des Ich. Eigene Vorstellungen, Wünsche und Gefühle werden unbewusst in die Außenwelt verlegt. Zum Beispiel kann ein Mensch bei anderen Eigenschaften wahrnehmen, die er bei sich selbst verleugnet.

Psychoanalyse bedeutet „Seelenzergliederung". Das theoretische System und die Behandlungstechniken von psychischen Störungen nach Freud und seinen Schülern.

Rationalisation: Ein Abwehrmechanismus des Ich. Die wirklichen (aus dem Es stammenden) Motive eines Verhaltens werden nicht zugegeben; das Verhalten wird durch rein verstandesmäßige Erklärungen gerechtfertigt („innere Ausrede").

Reaktionsbildung: Ein Abwehrmechanismus des Ich. Es wird ein Verhalten entwickelt, das dem ursprünglichen Triebimpuls aus dem Es entgegengesetzt ist. (Zum Beispiel wird ein ursprünglich starker Hass gegen jemanden durch eine überzärtliche Liebe ersetzt o.Ä.)

Regression: Ein Abwehrmechanismus des Ich. Der Rückfall in ein Entwicklungsstadium, das dem Lebensalter nicht mehr entspricht. Damit treten frühkindliche Verhaltensweisen wieder auf.

Rorschach-Test: Psychologischer Test zur Ermittlung des charakterlichen und intellektuellen Gefüges.

Selbsterfahrungsgruppe: Eine Gruppe von Leuten, die sich in psychotherapeutischer Ausbildung befinden. Die Gruppe kommt mit dem Ziel zusammen, im Gruppenprozess die unbewussten Wurzeln des eigenen Handelns kennenzulernen.

Skotomisation bedeutet Realitätsverleugnung. Ein Abwehrmechanismus des Ich. Bedeutsame Tatbestände oder Vorgänge in der Umwelt werden nicht wahrgenommen, ihre Existenz wird unbewusst verleugnet.

Spontanremission: Das Verschwinden aller Erscheinungen einer psychischen Krankheit allein durch Zeitablauf, ohne ärztliche oder psychotherapeutische Behandlung.

Sublimierung: Fähigkeit, die psychosexuelle Energie in ihrer Richtung so zu ändern, dass sie zu einer nichtsexuellen Handlung führt, die sozial anerkannt ist. Sie ist ein Abwehrmechanismus des Ich. Nach Freud sind alle Kulturleistungen aus der Sublimierung zu verstehen.

Substitution: Ein Abwehrmechanismus des Ich. Statt des ursprünglichen Triebziels wird ein Ersatz dafür zum Ziel, weil nur bei diesem die Befriedigung des Bedürfnisses wahrscheinlich ist. So kann sich beispielsweise die Aggression gegen einen Vorgesetzten als Aggression gegen einen Untergebenen äußern.

Super-Ego gleich Über-Ich.

Todestrieb: Der nach Freud dem Lebenstrieb entgegengesetzte Grundtrieb im Menschen. Das Ziel des Todestriebs ist die Vernichtung des Lebens; er äußert sich als Aggression und Zerstörung.

Triebdynamik: Das aus dem Widerspiel verschiedener Triebe entstehende, größtenteils unbewusste seelische Geschehen. Die Psychoanalyse erkannte ihre grundsätzliche Bedeutung für das menschliche Handeln.

Über-Ich: Die Instanz in der Struktur des Seelenlebens, die das „Ich-Ideal" und das Gewissen vertritt.

Übertragung: Wichtiges Element der psychoanalytischen Behandlung. Der Patient überträgt unbewusst seine frühkindlichen Einstellungen, Gefühle und Wünsche gegenüber Vater, Mutter oder anderen Personen auf den Analytiker. So wird eine Bearbeitung dieser Inhalte möglich.

Unbewusstes: Alle nicht im Bewusstsein befindlichen und erfahrbaren Inhalte, die aber dennoch vorhanden sind und ins Bewusstsein treten können.

Verdrängung: Ein Abwehrmechanismus des Ich. Die unbewusste Unterdrückung eines Triebanspruchs, seine Verlagerung aus dem Bewussten in das Unbewusste.

Verhaltenstherapie: Eine Form der Psychotherapie, die unter anderem aus der Kritik an der Psychoanalyse entstand. Psychische Störungen und Krankheiten gelten für die Vertreter der Verhaltenstherapie als Beispiele abnormen, gelernten Verhaltens. Im Gegensatz zur Psychoanalyse haben hier Motivationen, Konflikte, Gefühle und dergleichen bei Weitem nicht die Bedeutung zur Erklärung der Störungen. Die Verhaltenstherapie behandelt in erster Linie das offen am Patienten zu beobachtende Verhalten.

..unmd ferbleibn w ir
mitx allerhant§
FREUDlichenn Grügxsen
Ihhre Drillinge
ÜBER ICH
ES